AN PROFET

AN PROFET

SCREFYS HA LYMNYS GANS

Kahlil Gibran

TRAILYS DHE GERNOWEK GANS

Ian Jackson

evertype
2021

Dyllys gans/*Published by* Evertype, 19A Corso Street, Dundee, DD2 1DR, Scotland.
www.evertype.com.

Mamdîtel/*Original title*: *The Prophet*.

An trailyans-ma/*This translation* © 2021 Ian Jackson.
An dyllans-ma/*This edition* © 2021 Michael Everson.
Kensa dyllans/*First edition* 1923 Alfred A. Knopf, New York.

Y kefyr covath rôlyans rag an lyver-ma dhyworth an Lyverva Vretennek.
A catalogue record for this book is available from the British Library.

ISBN-10 1-78201-287-7
ISBN-13 978-1-78201-287-0

Olsettys in/*Typeset in* Baskerville gans/*by* Michael Everson.

Cudhlen/*Cover*: Michael Everson.

iv

ROL AN LYVER

ROL AN DELÎNYANSOW

AN PROFET

ALMÙSTAFA, an den dêwysys ha moyha kerys, an bora dh'y dhëdh y honen, trigys dêwdhek bledhen i'n dre Orfalês, a worta devedhyans y lester, degys may fe arta dh'y enys enesyk.

Hag i'n dêwdhegves bledhen, an seythves a Aylûl, mis mejy, ev a wrug ascendya an mena wor' fosow an dre wàr ves, ha miras dhe'n mor; hag aspias y lester ow tos gans an lewgh.

Nena y feu yettys y golon egerys yn fen, ha'y joy ow lemmel pell dres an mor. Hag ev a wrug degea y lagasow ha pesy in tyleryow taw y enef.

Mès pàn esa ow skynnya dhywar an mena, tristans a'n kemeras, hag ev ow predery in y golon:

Fatell allaf mos in cres heb awhêr? Nâ, heb goly dhe'm spyrys ny wrav dyberth a'n dre-ma.

Hir o an dedhyow a bain a wrug passya dhymm inter hy fosow, ha hir o an nosow hepcor coweth; ha pyw a yll qwyttya pain ha hepcoryans kefrÿs heb edrega?

Re aga nùmber yw brewyon a'n spyrys a wrug vy scùllya i'n strêtys-ma, ha re gà nùmber yw an flehes a'm hireth, usy ow kerdhes noth in mesk an bronyon-ma, na allaf omdenna dhyworta heb begh na gloos.

An pÿth esof ow tysky hedhyw nyns yw dyllas, mès crohen esof ow sqwardya, ha'm dêwla ow honen orth y wul.

Na preder vÿth nyns yw an pÿth a wrug vy gasa wàr ow lergh, mès colon whekhës dre nown ha dre sehes.

Saw ny allaf tarya na felha.

An mor, usy ow kelwel pùptra, a'm gelow vy, ha res yw iskyna dhe'n lester.

Gortos, ha'n ourys ow lesky i'n nos kyn fe, yth yw rewy ha gwrysa ha bos kelmys in cowyn.

Seul eus omma, meur me a garsa kemeres genef. Saw fatla alsen?

4

Ny yll lev vÿth don an tavas na'n gwessyow a ros eskelly dhodho. Yn tygoweth ev a whila an ebron uhella.

Yn tygoweth heb y neyth an er a neyj dres an howl.

Now, pàn veu drehedhys bys in goles an mena, ev a wrug trailya arta dhe'n mor, ha gweles y lester ow tos dhe'n porth in nes, ha'n varners wàr an penn arâg, tus a'y bow y honen.

Ha'y enef a grias dhedha in mes, hag ev a leverys:

Mebyon a'm mamm goth, why marhogyon a'n lanow ha'n tryg,

Pesqweyth y whrussowgh golya dhymm i'm hunros! Lemmyn y tewgh i'm dyfunder, ha hèn yw hunros downha whath.

Parys ov dhe dhallath, ha'm dywysycter, an golyow leun-settys, ow cortos an gwyns.

Ny wrav tenna ma's unn anal i'n air cosel-ma, ny wrav tôwlel ma's unn wolok guv wàr dhelergh.

Ena my a vynn sevel i'gas mesk, morwas mesk morwesyon.

5

Ha ty, a vor efan, a vamm dhygùsk,

Ty only yw cres ha franchys dhe'n awan
ha dhe'n strem,

An strem-ma ny droyll ma's unweyth,
ny hanas ma's unweyth i'n lanergh-ma,

Ena my a dheu dhys, banna heb fin bys
in gweylgy heb fin.

Ha pàn esa ow kerdhes ev a wrug aspia
tus ha benenes abell ow tyberth a'ga gwel
ha'ga gwinlan hag ow fystena dhe yettys
an dre.

Hag ev a glôwas aga lev ow cria y
hanow, ha garm a'n eyl gwel dh'y gela, ow
terivas devedhyans an lester.

Hag ev a leverys in y honen:

A vëdh dëdh rag dyberth kefrÿs dëdh
rag cùntell?

A leveryr ow gordhuwher dhe vos ow
bora defry?

Ha pÿth a rov dhe'n den re wrug gasa y
lîsak, erys in hy hanter, pò dhe'n den re
wrug astel ros y winwask?

6

A vëdh ow holon gwedhen poos hy frûtys may hallaf cùntell ha ry dhe'n rema?

A wra ow lies desîr frôsa kepar ha fenten may hallaf lenwel aga hanaf?

Ov telyn may hyll leuv an ollgalosek ow thava, pò whybonel may hyll hy anal tremena dredhof?

Whilor ov a taw menowgh, ha pan tresour a gefys in taw may hallaf y ranna heb dhowt?

Lemmyn mars yw dëdh ow threvas, py gwel a wrug vy gonys has warnodho, ha py sêson ankevys o honna?

Mars yw lemmyn an eur may whrav lyftya ow lugarn, cunys ny vëdh golow y flàm gena mavy.

Derevel ow lugarn gwag ha du a wrav vy. Ha warden an nos a vynn lenwel an oyl ha'y anowy kefrÿs.

An pÿth-ma ev a leverys in ger. Saw lies tra in y golon a remainya heb lavar. Rag ny yll côwsel a'y dhownha rin.

❖

Ha pàn entras ev dhe'n dre, oll an bobel a dheuth rag y vetya, hag unn voys yth esens ow cria dhodho.

Ha tus coth an dre a wrug sevel in mes ha leverel:

Nag ê na whath in kerdh.

Ty re beu hanter-dëdh i'gan tewlwolow, ha'th yowynkneth re ros dhyn hunros dhe hunrosa.

Nyns os estren i'gan mesk, nyns os ôstyas, mès agan mab yth os ha'gan meurgerys.

Dha fâss ow fyllel dh'agan golok, henna na wodhaf na whath.

Ha pùb oferyas, pùb oferyades a leverys dhodho:

Na wra gasa tonnow an mor dhe settya lemmyn dybarth intredhon, na gasa an lies bledhen a wrusta passya i'gan mesk dhe vos tra vÿth ma's cov.

Ty re gerdhas i'gan mesk in spyrys, ha'th skeus re beu golow wàr agan bejeth.

Meur ny re'th caras. Saw gàn kerensa a veu heb cows, gans cudhlen hy re beu cudhys.

Mès lemmyn yma hy ow cria dhis yn uhel, ha parys yw dhe sevel dyskeverys aragos.

Ha gwir yw pùpprÿs: ny aswon an gerensa hy downder erna dheffa an eur dyberth.

Hag erel a dheuth inwedh ha pesy warnodho. Saw ny wrug ev gortheby. Ny wrug ma's inclynya y benn; ha'n re in ogas a welas y dhagrow ow codha wàr y vrest.

Hag ev ha'n bobel êth dhe'n plain brâs dhyrag an templa.

Hag in mes a'n sentry y teuth benyn henwys Almytra. Ha colyoges o hy.

Hag ev a viras warnedhy meur y vedhelder, rag yth o hy an kensa a wrug cresy ino, pàn veuva le ès unn jëdh i'ga thre.

Ha hy a'n salusas, ha leverel:

Profet a Dhuw, ty usy ow whilas an pelha tra, termyn hir ty a sarchyas dha lester wàr an gorwel efan.

9

Ha lemmyn dha lester re beu devedhys, ha res yw dhys dyberth.

Down yw dha hireth rag pow dha govyon, rag trigva a'th vrâssa desîr; ha'gan kerensa ny'th colm jy, na ny'th sens jy agan otham.

Mès hemma a wovynnyn kyns ès dell ylly in kerdh: ty dhe gôwsel orthyn ha ry rann a'th wiryoneth.

Ha ny a'n re dh'agan flehes, ha'n re-ma a'n re dh'agan flehes ynsy, ma nag ella dhe goll.

I'th hepcoryans a goweth ty re wrug gôlyas gans agan dedhyow, hag in dha dhyfunder ty re woslowas olva ha wharth agan cùsk.

Lemmyn ytho, dyscudh ny, dhyn agan honen, ha derivas myns re beu dysqwedhys dhis a'n pÿth usy intra genesygva ha mernans.

Hag ev a wrug gortheby:

A bobel Orfalês, pandra allaf derivas saw an pÿth usy ow qwaya i'gas enef i'n very prÿs-ma?

Ena Almytra a leverys, Cows orthyn a Gerensa.

Hag ev a wrug derevel y benn ha miras orth an bobel, hag y codhas cosoleth warnedha. Hag in voys brâs ev a leverys:

An gerensa pàn wrella sîna dhis, sew hy,
Kynth yw hy fordh cales ha serth.

Ha hy eskelly pàn vowns plegys i'th kerhyn, omroy dha honen dhedhy,

Kyn hyll hy lev brêwy dha hunros dhe dymmyn dell wra gwyns an north dyfÿthya lowarth.

Dell wra kerensa dha gùruna, kefrÿs heb mar hy a wra dha growsya. Dell yw hy abarth dha devyans, kefrÿs yth yw abarth dha dhyvarrans.

Dell wra hy ascendya dhe'th wartha ha chersya dha scorr moyha medhel, usy ow teglena i'n howl,

Kefrÿs y whra hy skynnya dhe'th wrëdh ha'ga shakya i'ga glenans i'n dor.

Kepar ha manallow hy a wra dha gùntell dhedhy.

Hy a wra dha fusta rag nothhe.

Hy a wra dha rydra rag ryddya a'th plysk.

Hy a wra dha velyas bys in gwynder.

Hy a'th toos erna vy plyth;

Ena hy a vynn dha boyntya dh'y than sans, may hylly bos bara sans dhe fest sans Duw.

Ha'n gerensa a wra hemma oll dhis, may hothfy kevrîn dha golon, ha bos i'n godhvos-na tamm a golon an Bêwnans.

Saw mar ny vynnys whilas i'th own ma's cosoleth an gerensa ha plesour an gerensa,

Dhana gwell yw dhys cudha dha notha ha qwyttya leur drùshya an gerensa,

12

Ow mos aberth i'n bÿs heb sêson, le may hylly wherthyn, heb wherthyn oll dha wharth; le may hylly ola, heb ola oll dha dhagrow.

Ny re an gerensa ma's hy honen, ny gemmer tra vÿth ma's dhyworty.

Ny wra an gerensa perhenna na ny vynn bos perhennys;

Rag yth yw an gerensa lowr dhe'n gerensa.

Pàn gyrry, na lavar, "Yma Duw i'm colon," mès "Yth esof in colon Duw."

Na breder ty dhe rêwlya cors an gerensa: rag y whra an gerensa, mar y'th kev wordhy, rêwlya dha gors jy.

Nyns eus desîr dhe'n gerensa ma's colenwel hy honen.

Saw mar kyrry, mar po res dhis desîrya, bedhens dha dhesîr indelma:

Bos tedhys, kepar ha gover ow cana y gân dhe'n nos.

Godhvos pain a vedhelder re vrâs.

13

Bos golies dre gonvedhes an gerensa i'th honen;

Ha gosa a'th vodh ha joy.

Dyfuna i'n bora hag eskelly dhe'th colon ha grassa pùb dëdh moy a gerensa.

Powes orth hanter-dëdh ha consydra tranjyak a'n gerensa;

Dos tre gordhuwher ha grassyans genes;

Ena cùsca ha pejadow gans dha garadow i'th colon ha cân a wormola wàr dha vin.

Ena Almytra a gôwsas arta ha leverel,
Ha pandr'orth Demedhyans, a vêster?

Hag ev a worthebys, ha leverel:

Why a veu genys warbarth, ha war-
barth why a vëdh bys vycken.

Why a vëdh warbarth pàn wrella an
mernans ha'y eskelly gwynn scùllya gàs
dedhyow.

Ha why a vëdh warbarth in cov tawesek
Duw kefrÿs.

Saw bedhens aswiow i'gas warbarthter.

Ha bedhens gwynsow an ebron ow
tauncya intredhowgh.

Car an eyl y gela, mès na wrewgh an
gerensa in colm:

Bedhens mor in gwayans inter an dhew
arvor agas enef.

Lenwowgh dew hanaf, an eyl dh'y gela,
na evowgh a'n keth hanaf.

Rewgh agas bara, an eyl dh'y gela, na dhebrowgh a'n keth bara.

Canowgh ha dauncya warbarth ha bos lowenek, mès bedhens an eyl orth y gela dyblans,

Kepar dell usy kerdyn an lût dyblans kyn crenons dhe'n keth ilow.

Rewgh agas colon, heb hy gwitha, an eyl dh'y gela, yn stroth.

Rag ny yll ma's leuv an Bêwnans cowlsensy agas colon.

Ha sevowgh warbarth, adar re ogas warbarth:

Rag yma pyllars an templa a'ga sav alês,

Ha ny dëv an dherowen ha'n kyprùs an eyl in skeus y gela.

Ha benyn esa baby gensy wàr hy barlen a leverys, Cows orthyn a Flehes.

Hag ev a leverys:

Dha flehes nyns yw dha flehes.

Mebyon ha merhas, yth yns genys dhe hireth an Bêwnans anodho y honen.

Y towns dredhos, adar ahanas.

Ha kynth usons dhis, bytegys nyns yns perhennys genes.

Y hyllyth ry dhedha dha gerensa, adar dha breder.

Rag yma dhedha gà freder aga honen.

Y hyllyth ry chy dh'aga horf, adar dh'aga enef.

Rag yma gà enef trigys in chy an avorow, na yllyth y vysytya, i'th hunrosow kyn fe.

Y hyllyth strîvya bos hevelep dhedhans, adar whilas aga gul hevelep dhyso.

17

Rag nyns â an bêwnans wàr dhelergh
na ny wra tarya gans an de.

Yth os an warak mayth yw dha flehes
dyllys avell sethow bew.

An sethor a wel an merk wàr hens an
dydhyweth, hag Ev a'th pleg gans y allos
Ev, rag mayth ella y sethow Ev yn scav
hag yn pell.

Dha blegyans in leuv an Sethor
bedhens lowender;

Rag kepar dell gar Ev an seth usy ow
neyja, kefrÿs y car Ev an warak yw sensys
fast.

Ena y leverys den rych, Cows orthyn a
Rians.

Hag ev a wrug gortheby:

Bohes a reth pàn reth neb pÿth.

Pàn reth dha honen, i'n prÿs-na ty a re
in gwir.

Pandr'yw dha bÿth ytho ma's taclow a
sensyth ha gwitha rag own y fo otham
anedha avorow?

Ha'n avorow, pandra wra an avorow y
dhry dhe'n ky re dhour, owth encledhyas
eskern i'n treth heb olow pàn sew ev an
balmoryon dhe'n cyta sans?

Ha pandr'yw own a'n otham ma's an
otham y honen?

A nyns yw dowt a sehes, pàn yw dha
bith leun, an sehes heb dysehans vÿth?

Yma an re a re nebes a'ga falster—hag
y'n rêns rag bos aswonys ha'ga desîr kelys
a render an ro anyagh.

Hag yma an re may ma bohes dhedha hag y rêns henna oll.

An re-ma yw an gryjygyon i'n bêwnans ha dader an bêwnans, ha gwag nyns yw aga hofyr nefra.

Yma an re a re gans joy, ha'n joy-na yw aga reward.

Hag yma an re a re gans pain, ha'ga fain yw aga besyth.

Hag yma an re a re heb godhvos pain i'ga rians, na ny whilons joy, na ry rag gwainya grâss;

Y rêns kepar ha'n myrtwëdh i'n valy dres ena, dell eus êthen aga sawor ow mos dhe'n efander.

Dre leuv a'n re-ma y lever Duw, hag adrëv aga lagasow yma ev ow minwherthyn orth an nor.

Dâ yw ry pàn eus govyn, mès gwell yw ry heb pejadow, der ùnderstondyng.

Ha dhe'n dus dorn egor, whilas neb a kemmer yw joy brâssa agès ry.

20

Hag eus neb tra a vynnys sevel orth y ry?

Oll dha bÿth a vëdh rës wàr an dyweth:

Ytho, roy lemmyn, may halla sêson an rians bos dhyso, adar dhe'th êrys.

Yth esta ow leverel yn fenowgh, "Me a vynn ry, mès only dhe'n re yw wordhy."

Indelma nyns usy an gwëdh i'th avalennek ow leverel, na'n flockys i'th wels.

Ymowns ow ry may hallons bewa, rag sconya yw peryshya.

Onen gwyw dhe recêva y dhedhyow ha'y nosow, a nyns yw gwyw dhe bùptra ken dhyworthys?

Hag onen wordhy a gemeres y dhewas orth mor an bêwnans, a nyns yw wordhy a lenwel y hanaf orth dha wover bian?

Ha pandr'yw deservys moy ès an pÿth usy kefys i'n coraj ha'n trest, i'n cheryta kyn fe, a'n kemeryans?

Ragos nyns yw, neb den dhe sqwardya y dhywvron ha nothhe y wooth, ha ty whensys dhe weles y dhynyta yn lomm ha'y wooth yn tyveth!

Gwra gwetyas, kyns oll, ty dhe vos rias wordhy, ha main a rians.

Rag in gwir yth yw bêwnans henna a re dhe vêwnans—ha ty owth omsensy rias kyn fe, nyns osta ma's dùstuny.

Ha why, recêvoryon—ha why oll yw recêvoryon—na gemerowgh begh a ras, ma na vo yew warnowgh ha wàr henna a re.

Ascendyowgh, kyns, gans an rias warbarth wàr y royow, par hag eskelly pàn vêns.

Gorra kendon re dhe vry yw dowtya larjes an rias, may ma an nor hel y golon mamm dhodho, ha Duw in tas.

Ena den coth, tavernor, a leverys, Cows orthyn a Dhebry hag Eva.

Hag ev a leverys:

A kylly unweyth debry sawor an nor, ha bos sensys crev gans an golow kepar ha plans air!

Mès abàn yw res dhys ladha rag debry, ha robbya leth mamm, rag dyseha, orth an flogh yw nowyth genys, gas henna dhe vos golohas,

Ha gas dha vord dhe vos sevys in alter, may fo milas gwann heb drog an forest ha'n plain offrynnys rag an pÿth yw purha ha heb drog oll in mab den.

Pàn wrella ladha best, lavar dhodho i'th colon:

"Der an keth mêstrynsys a'th ladh jy, y fedhaf vy ledhys kefrÿs; ha my kefrÿs a vëdh debrys.

Rag y whra an laha a'th worras dhe'm dêwla ow delyfra vy dhe dhêwla moy galosek.

Nyns yw dha woos ha'm goos vy ma's an sùgan usy ow maga gwedhen an nev."

Ha pàn vynhy sqwattya aval dre'th tens, lavar dhodho i'th colon:

"Dha has a wra bêwa i'm corf,

Hag egynnow dha 'vorow a wra blejyowa i'm colon,

Ha dha sawor a vêdh ow anal,

Ha warbarth ny a wra rejoycya der oll an sêsons."

Hag i'n kynnyaf, pàn gùntelly grappys dha vynyard dhe'n winwask, lavar i'th colon:

"My kefrÿs yw vynyard, hag ow frûtys a wra bos cùntellys dhe'n winwask,

Ha kepar ha gwin nowyth me a vêdh sensys in lestry vyckenus."

Hag i'n gwâv, pàn gemerry an gwin, bedhens i'th colon cân orth pùb hanaf;

Ha bedhens i'n gân remembrans a'n dedhyow kynnyaf, hag a'n vynyard, hag a'n winwask.

Ena araderor a leverys, Cows orthyn a Whel.

Hag ev a worthebys, ha leverel:

Yth esta ow cul whel rag kescamma gans an nor hag enef an nor.

Sygerneth yw bos alyon dhe'n sesônys, ha dyberth orth keskerdh an bêwnans usy ow marchya in meureth hag in uvelder gothys wor'tu ha'n dydhyweth.

Pàn wrelles whel, yth osta whybonel mayth yw whystrans an euryow gyllys dhe vûsyk dredhy.

Pyw ahanowgh a vynn bos corsen, omlavar ha tawesek, pàn eus pùptra ken ow cana in unson?

Pùb dëdh y leveryr dhys bos whel mollath ha lavur meschauns.

Saw my a lever dha vos jy, pàn wrelles whel, ow collenwel rann an uhella hunros

usy dhe'n nor, appoyntys dhis i'n termyn
may feu an hunros-na genys,

Ha pàn withy whel dhys, ty a gar an
bêwnans in gwiryoneth,

Ha cara an bêwnans dre whel yw bos
pòr ogas dh'y dhowna rin.

Saw mars esta i'th pain owth henwel
genesygeth galar ha scodhyans a'n kig
mollath scrifys wàr dha dâl, dhana ow
gorthyp yw, ny wra tra vŷth ma's whës
dha dâl golhy an pŷth yw scrifys ena dhe
ves.

Ty re glôwas inwedh bos an bêwnans
tewlder, hag i'th sqwithter yth esta ow
tasseny an pŷth a veu leverys gans an
sqwithyon.

Hag yth esof vy ow leverel bos an
bêwnans tewlder defry saw pàn vo iny,

Ha pùb iny yw dall saw pàn vo
godhvos.

Ha pùb godhvos yw euver saw pàn vo
whel,

Ha pùb whel yw gwag saw pàn vo
kerensa;

Ha pàn vy ow cul whel gans kerensa yth esta ow kelmy dha honen dhyso dha honen, ha'n eyl dh'y gela, ha dhe Dhuw.

Ha pandr'yw gul whel gans kerensa?

Hèn yw gwia qweth gans neus tennys mes a'th colon, kepar ha pàn wrella dha garadow gwysca an qweth-na.

Hèn yw byldya chy gans sergh, kepar ha pàn wrella dha garadow triga i'n chy-na.

Hèn yw gonys has gans medhelder ha mejy an drevas gans joy, kepar ha pàn wrella dha garadow debry an frût.

Hèn yw carga pùptra a wrêta formya gans anal mes a'th spyrys dha honen,

Ha godhvos bos oll an marow benegys a'ga sav i'th kerhyn hag ow miras orthys.

Yn fenowgh my re glôwas ty dhe leverel, kepar ha pàn wrelles côwsel in cùsk, "Neb a wra gonys marbel, ha cafos y enef y honen i'n men, hèn yw moy nôbyl ès neb a wra aras an dor.

28

Ha neb a wra dalhenna an gamneves rag hy settya wàr gweth dhe hevelep den, hèn yw moy ès neb a wra an sandalys dh'agan treys."

Saw yth esof vy ow leverel, adar in cùsk, mès in gordhyfunder an hanter-dëdh, nag usy an gwyns ow côwsel yn whecka dhe'n derow cowrek ès dell wra dhe'n welsen moyha bian;

Ha nyns yw nagonen brâs ma's neb a wra trailya lev an gwyns dhe gân rendrys whecka drefen y gerensa y honen.

Whel yw kerensa rendrys hewel.

Ha mar ny yllyth gul whel gans kerensa, mès only gans cas, gwell yw gasa dha whel ha sedha in yet an templa ha kemeres alusyon dhyworth an re usy ow cul whel gans joy.

Rag mar mynnys pobas bara gans mygylder, y whrêta pobas bara wherow na yll maga moy ès hanter nown mab den.

Ha mar mynnys perthy avy awos gwasca an grappys, dha avy a wra styllya venym i'n gwin.

Ha mar mynnys cana kefrÿs kepar ha'n eleth, heb cara an cana, y whrêta cudha scovornow mab den dhyworth levow an jëdh ha levow an nos.

Ena benyn goth a leverys, Cows orthyn a Joy hag a Dristans.

Hag ev a worthebys:

Dha joy yw dha dristans dyscudhys.

Ha'n kethsam pith may ma dha wharth ow terevel o lies gweyth leun a'th dagrow.

Ha fatla yll ken maner?

Seul dhowna yma an tristans ow kervya aberth i'th vôsva, seul voy y hyllyth comprehendya joy.

A nyns yw an hanaf usy ow sensy dha win an very hanaf a veu leskys in forn an gweythor pry?

A nyns yw an lût usy ow coselhe dha spyrys an very prenn a veu kewys dre gellyl?

Bÿth pàn vo meur dha joy, mir i'th colon yn town ha ty a wra cafos bos an pÿth re ros tristans dhis, ny ros ma's henna joy.

Bÿth pàn vy trist, mir i'th colon arta, ha
ty a wra gweles dha vos owth ola in gwir
rag an pÿth re beu dha dhelît.

Yma an eyl ow leverel, "Joy yw brâssa
ès tristans," hag y gela ow leverel, "Nâ,
brâssa yw tristans."
Saw yth esof vy ow leverel dhis, yth yns
andybarthadow.
Warbarth ymowns ow tos, ha pàn vo an
eyl esedhys rybos orth dha vord, remem-
ber bos y gela ow cùsca i'th wely.

Certus, ty yw cregys kepar ha montol
inter dha dristans ha dha joy.
Pàn vosta cregys, only nena th'esta
sevys stag in omborth.
Pàn wrella an tresoror dha lyftya rag
posa y owr ha'y arhans, res yw dhe'th joy
pò dhe'th tristans drehevel pò codha.

Ena mason a dheuth in rag ha leverel,
Cows orthyn a Dreven.

Hag ev a wrug gortheby ha leverel:

Byldyowgh a'th tesmygyans delyowek
i'n gwylfos kyns ès byldya chy in fosow an
cyta aberveth.

Rag kepar dell eus prejyow dhyso dos
tre i'th tewlwolow, kefrÿs yma dhe'n
gwandror inos, usy prest dygoweth ha pell.

Dha jy yw brâssa corf dhis.

Yma ow tevy i'n howl hag ow cùsca in
cosoleth an nos; ha nyns yw màn heb
hunros. A nyns usy dha jy owth hunrosa?
hag in y hunros ow qwyttya an cyta ha
mos dhe gellywyk pò dhe varr an vre?

A kyllyf unweyth cùntell agas treven i'm
dorn, ha'ga scattra avell gonador i'n forest
hag i'n pras.

A pe unweyth an tenwyn strêtys
dhywgh, ha'n trûlerhow gwer lies scoch-

fordh intredha, rag may hallowgh whilas an eyl y gela dre vynyardys, ha dos gans sawor an dor i'gas dyllas.

Saw an taclow-ma ny vëdh na whath.

I'ga own oll an hendasow a wrug agas cùntell why re glos warbarth. Ha'n own-na a wra durya nebes pelha. Nebes pelha y whra fosow agas cyta dyberth an olas dhywgh dyworth an gwelyow.

Ha leverowgh dhymm, a bobel Orfalês, pandr'eus dhywgh i'n treven-ma? Ha pÿth esowgh ow qwitha adrëv darasow degës?

Eus cres dhywgh, ha'n iny cosel-na ow tysqwedhes power genowgh?

Eus remembrans dhywgh, yw gwarak golow owth elvenny dres gwartha an brÿs?

Eus tecter dhywgh, a hùmbrank an golon dhia vyns yw gwrës a brenn hag a ven bys i'n meneth sans?

Derivowgh dhymm, eus an re-ma i'gas treven why?

Pò eus dhywgh tra vÿth ma's confort, ha lust rag confort, an dra ladrus usy owth entra dhe'n chy avell ôstyas, hag ow mos in ost, hag ow mos in mêster?

❖

Eâ, hag yma ow mos in dovor, ha gans an bagh ha'n scorja ow cul popettys a'n desîr yw larja inowgh.

Kynth yw y dhêwla owrlin, y golon yw horn.

Yma ow lùlla dhe gùsk, a'y sav ryb an gwely rag gesya orth dynyta an kig.

Yma ow mockya an skiansow salow, ha'ga gorra in has medhel an ascal kepar ha lestry hedorr.

In gwir, yma an lust rag confort ow moldra passyon an enef, kyns kerdhes in unn wenwerthyn orth encledhyas an eler.

Saw why, flehes a'n efander, why dybowes in powes, na vedhowgh na maglys na dovys.

Agas chy na vedhens ancar mès gwern.

Ev na vedhens kenen lenter, yw gorher dhe woly, mès re bo crohen lagas, ow qwardya an wolok.

Na wrewgh plegya gàs eskelly rag tremena dre dharasow, nag inclynya gàs penn, gweskel rag na alla wàr nen, na dowtya anella, trogh nag ella fosow ha codha dhe'n dor.

Na vedhowgh trigys in bedhow gwrës gans an marow rag an re yw bew.

Ha kyn fo gàs chy onen rial ha splann, na vedhens ev covva dh'agas kevrîn na goskes dh'agas yêwnadow.

Rag yma myns yw heb fînweth inowgh trigys in mansyon an ebron, mayth yw y dharas nywl an myttyn, ha mayth yw y fenestry canow ha taw an nos.

Ha'n gwiador a leverys, Cows orthyn a Dhyllas.

Hag ev a worthebys:

Yma dha dhyllas ow cudha rann vrâs a'th tecter, mès ny wra keles myns yw hager y favour.

Ha kyn fynnys whilas in dyllas an franchys a bryvetter, ty a wra cafos ev dhe vos hernes martesen ha chain.

A teffes unweyth ha metya an howl ha'n gwyns gans moy a'th crohen ha le a'th gwysk.

Rag yma anal an bêwnans in golow an howl ha dorn an bêwnans i'n gwyns.

Yma rann ahanowgh ow leverel, "Gwyns an north, ev a wrug gwia an dyllas eson ny ow qwysca."

Ha my a lever, Eâ, gwyns an north a'n gwrug,

Mès sham o y starn, ha'y neus o medhelheans a'n gyew.

Ha pàn veu y whel gorfennys ev a wharthas i'n forest.

Na wra ankevy bos methecter ow cul scoos erbynn golok an bloswesyon.

Ha pàn ve an bloswesyon namoy, pÿth a via methecter marnas maglen ha mostyans a'n brÿs?

Ha na wra ankevy bos an dor ow kemeres delît in tavans dha dreys noth ha bos an gwynsow whansek a wary gans dha vlew.

Ha marchont a leverys, Cows orthyn a Brena ha Gwertha.

Hag ev a worthebys ha leverel:

Dhis yma an dor ow tascor y frûtys, ha tra vŷth ny fyll dhis mar codhes unweyth lenwel dha dhêwla.

Dre geschaunjya royow an dor ty a gev pâlster ha bos contentys.

Mès mar ny vëdh an keschaunj gwrës in kerensa ha jùstys cuv, yth hùmbrank rann dhe grefny ha rann dhe nown.

Wàr blain an varhas pàn wrellowgh why wonesysy a'n mor ha'n gwelyow ha'n vynyardys metya gans an gwiador ha'n potor ha'n cùntellor a spîcys,—

Gelwowgh nena mêster-spyrys an dor, rag dos i'gas mesk ha sona an balans ha'n recknans usy ow montolly valew orth valew.

Ha na alowowgh dhe'n re yw hesk an dhêwla kemeres rann i'gas negys, seul yw plegys dhe wertha gà geryow in prenas a'gas lavur.

Dhe dus a'n par-ma why a dal leverel:

"Dewgh genen dhe'n gwel, pò kewgh gans agan breder dhe'n mor ha tôwlel roos;

Rag y re an dor ha'n mor larjes dhe why kepar ha dhe ny."

Ha mar teu an ganoryon ha'n dhauncyoryon ha menstrels an pîbow— prenowgh in mes a'ga royow inwedh.

Rag yth yns kefrÿs cùntelloryon a frûtys ha frankincens, ha'n pÿth a dhrêns y, kyn fo formys in hunros, yw gwysk ha sosten dh'agas enef.

Ha kyns dyberth orth plain an varhas, gwrewgh gwetyas na wrella den vÿth departya gwag y dhêwla.

Rag ny gùsk mêster-spyrys an dor in cres wàr an gwyns erna vo otham an lyha ahanowgh colenwys.

Ena onen a'n jùjys i'n cyta a wrug sevel in rag ha leverel, Cows orthyn a Dhrog-ober ha Pùnyshment.

Hag ev a worthebys, ha leverel:

Pàn ella dha spyrys wàr stray wàr an gwyns,

Nena yth esos jy, dha honen oll heb gwith, ow cul camm dhe re erel ha dhyso kefrÿs.

Hag awos an camm-na a wrussys, res yw dhis knoukya ha gortos polta heb dha nôtya orth yet an bobel venegys.

Kepar ha'n weylgy yw dha dhuw-honen;

Ev a remain heb mostethes rag nefra.

Ha kepar ha'n air uhella ev ny wra lyftya ma's an re yw askellek.

Ha kepar ha'n howl yw dha dhuw-honen;

Ny aswon ev manerow an go'dhor, na ny whila ev tell an serpont.

Saw ny drig dha dhuw-honen yn tygoweth i'th vôsva.

Rann vrâs ahanas yw den whath, ha rann vrâs nyns yw na whath den,

Mès corr heb form, neb eus ow kerdhes in nywl dre'th cùsk, ow sarchya y dhyfunans y honen.

Hag adro dhe'n den inos me a garsa côwsel i'n eur-ma.

Rag yth yw ev, adar dha dhuw-honen, adar an corr i'n nywl, a wor drog-ober ha pùnyshment a dhrog-ober.

Yn fenowgh my re glôwas why dhe gôwsel a seul a wrella camm kepar ha pàn na ve onen ahanowgh, mès estren dhywgh hag omherdhyor ajy dh'agas bÿs.

Saw my a lever hemma: kepar ha na yll pobel sans hag ewnhensek ascendya dres an uhella tra eus in pùbonen ahanowgh,

In ketelma ny yll pobel gamm ha gwann codha yn moy isel ès an iselha tra eus inowgh kefrÿs.

Ha kepar nag â dêlen melen heb oll an wedhen dhe wodhvos yn tawesek,

In ketelma ny yll an drog-oberor gul
camm heb bodh cudh agas oll.

Kepar ha keskerth yth esowgh ow
walkya warbarth tro ha'gas duw-honen.

Why yw an dremenva ha'n dremenysy.

Ha pàn gotha onen ahanowgh, ev a
goodh abarth an re usy ow sewya,
gwarnyans erbynn an men trebuchya.

Eâ, hag ev a goodh abarth an re usy
dhyragtho, na wrug remôvya an men
trebuchya, kyn fowns uskyssa ha moy
diogel aga threys.

Ha hemma inwedh, ha'n ger ow sedha
yn poos wàr agas colon kyn fe.

Nyns yw an den moldrys heb acownt-
adôwder a'y voldrans y honen.

Ha'n den robbys nyns yw heb blam a'y
vos robbys.

Nyns yw an den ewnhensek inocent a'n
bobel gamm.

Ha'n den gwynn y dhêwla nyns yw glân
in gwrÿth an felon.

Eâ, an bobel gablus yw vyctym yn
fenowgh a'n re yw myshevys.

Ha whath moy menowgh an den dampnys yw degor a'n begh rag an den heb drog na blam.

Ny yllowgh separâtya an re yw gwiryon orth an re yw camhensek, na'n re yw dâ dhyworth an dhrogwesyon;

Rag ymowns a'ga sav arâg fâss an howl warbarth, kepar dell usy an neujen dhu gwies warbarth gans an neujen wynn.

Ha pàn wrella an neujen dhu terry, an gwiador a vynn whythra oll an gweth, hag examnya an starn kefrÿs.

Mar carsa nebonen ahanowgh dry an wreg dhyslen dhe jùjment,

Re bo henna ow montolly colon hy gour in balans, ha musura y enef gans musurow.

Ha re bo pùbonen a garsa scorjya an offender ow miras aberth in spyrys an den yw offendys.

Ha mar carsa nebonen ahanowgh pùnyshya in hanow an ewnhenseth ha settya an vool wàr an debel-wedhen, re bo henna ow checkya hy gwrëdh;

44

Hag in gwir ev a gev gwredhyow an dâ ha'n drog, an dra yw froothus ha'n dra yw dyfrooth, nedhys oll warbarth in colon dawesek an dor.

Ha why jùjys, oll a garsa bos gwiryon.

Pan jùjment a vynnowgh declarya orth an den yw onest in y gig, lader bytegyns in spyrys?

Pan pin a wrewgh gorra wàr an den a ladh i'n kig, yw ledhys bytegyns y honen i'n spyrys?

Ha fatell wrewgh darsewya an den yw tùllor ha compressor in ober,

Mès yw grêvys ha duwhanhës kefrÿs?

Ha fatell vynnowgh pùnyshya an re may ma brâssa edrek dhedha solabrÿs ages camweyth?

A nyns yw edrek an jùstys a vêdh menystrys gans an very laha a garsewgh servya?

Mès ny yllowgh gorra edrek wàr an re yw heb blam nag y lyftya dhywar golon an re yw gylty.

Edrek a wra vysytya i'n nos heb y elwel, rag may halla pobel dyfuna ha miras ortans aga honen.

Ha why, neb a garsa ùnderstondya jùstys, fatell wrewgh henna mar ny aspiowgh wàr pùb gwrians in leun-golow.

I'n eur-na, adar kyns, why a wodhvyth an den yw a'y sav ha'n den yw codhys, dell yns an kethsam den desedhys in tewl-wolow inter nos an corr-honen ha dëdh-weyth an duw-honen.

Ha nyns yw men cornet an templa uhella ès an men moyha isel in y fùnda-cyon.

Ena laghyas a leverys, Saw pandr'orth agan Lahys, a vêster?

Hag ev a worthebys:

Plêsys owgh yn frâs, ha why ow cul lahys,

Mès why yw plêsys dhe voy orth aga therry.

Kepar ha flehes ow qwary ryb an weylgy, neb a wra byldya tourow treth gans dywysycter, ena gà dystrêwy gans wharth.

Saw pàn esowgh ow trehevel agas tourow treth, yma an weylgy ow try moy treth dhe'n âls,

Ha pàn esowgh orth aga dystrêwy, yma an weylgy ow wherthyn genowgh war-barth.

In gwir yma an weylgy ow wherthyn pùb termyn gans an re yw heb drog.

Saw pandr'orth an re nag yw gweylgy aga bêwnans, ha lahys gwrës gans mab den nag yw tourow treth,

Saw mayth yw an bêwnans carrek, ha mayth yw laha genn rag y gervya dh'aga hevelep aga honen?

Pandr'orth an evredhek mayth yw dauncyoryon cas ganso?

Pandr'orth an ojyon a gar y yew ha tyby bos hedh ha cowrgarow an forest gwyllyow stray?

Pandr'orth an serpont coth na yll tôwlel y grohen mes, ow cria pùb huny aral dhe vos noth ha dyveth?

Ha pandr'orth an den a dheu abrÿs dhe wool an demedhyans, ha departya gorbeskys ha sqwith, ow leverel bos kenyver gool trespasseth ha pùb gôlyor drogwas erbynn laha?

Pÿth a lavaraf a'n re-ma, saw y bosans kefrÿs a'ga sav in golow an howl, mès ow trailya keyn dhe'n howl?

Ny welons marnas aga skeus, ha'ga skeus yw aga lahys.

Ha pandr'yw an howl dh'aga breus marnas towlor a skeusow?

Ha pandr'yw aswon an lahys marnas inclynya ha lînenna gà skeus wàr an dor?

48

Saw why, neb a gerdh owth eneby an howl, pan pyctours delînys wàr an dor a yll agas sensy?

Why, usy ow viajya gans an gwyns, pan culyak a gevarweth agas fordh?

Laha pyw a wra constrîna mar terrowgh agas yew, adar wàr dharas pryson den vÿth?

Py lahys a berthowgh own anedha mar mynnowgh dauncya heb trebuchya orth chainys horn den vÿth?

Ha pyw a'gas dro dhe jùjment mar mynnowgh dysky dyllas heb gasa henna dhe lesta fordh den vÿth?

A bobel Orfalês, why a yll megy an tambour, ha lowsel kerdyn an delyn, saw pyw a yll comondya dhe'n awhesyth na wrella cana?

Ha arethor a leverys, Cows orthyn a Franchys.

Hag ev a worthebys:

Orth yet agas cyta ha ryb agas olas my re welas fatell esowgh ow codha dhe'n dor rag gordhya gàs franchys agas honen.

Kepar dell eus kethyon owth uvelhe dhyrag tyront ha'y braisya kynth usy orth aga ladha.

Eâ, in kelly an templa hag in goskes ker an cyta my re welas an moyha frank i'gas mesk ow qwysca gà franchys avell yew ha carhar dêwla.

Ha'm colon a dheveras goos inof; rag ny yllowgh bos frank ma's pàn vo an very whans a whilas franchys hernes dhywgh, ha pàn wrellowgh cessya heb côwsel a franchys avell costen ha keweras.

∴

Why a vëdh frank defry pàn na vo gàs dedhyow heb awhêr ha pàn na vo gàs nosow heb otham ha grêf,

Mès i'n contrary part pàn wrella an taclow-ma grugysa gàs bêwnans, ha why owth ascendya a-ughta yn noth ha heb stroth.

Ha fatell yllowgh ascendya dres agas dedhyow ha'gas nosow mar ny derrowgh an chainys a wrussowgh fastya in myttyn avarr agas ùnderstondyng adro dh'agas hanter-dëdh?

In gwiryoneth an pÿth esowgh owth henwel franchys yw an creffa a'n chainys-ma, kynth usy y vellow ow lentry i'n howl hag ow talla gàs syght.

Ha pÿth a garsewgh hepcor marnas brewyon a'gas honen rag may hallowgh bos frank?

Laha anewn mar carsewgh defendya dhe ves, an laha-na a veu scrifys wàr agàs tâl dre'gas dorn agas honen.

Ny yllowgh y dhylea dre lesky agas lyfryow lahys na dre wolhy tâl agas jùjys, ha why ow tenewy an mor warnedha kyn fe.

51

Ha tyront mar carsewgh gorra dhywar y se, gwrewgh gwetyas kyns oll may fo dystrêwys y dron usy drehevys inowgh why.

Rag fatell yll tyront rêwlya an re yw frank ha gothys, mar ny vo turontieth i'ga franchys ha sham i'ga gooth?

Hag awhêr mar carsewgh tôwlel mes, an awhêr-ma re beu dêwysys genowgh why, adar constrînys dhywgh.

Hag own mar carsewgh pelhe, yma eseth an own-na i'gas colon, adar in dorn an den may ma own anodho.

In gwir yma pùptra ow qwaya i'gas bôsva why in hanter-byrlans parhus, an dra whensys ha'n dra ownys, an dra hegas ha'n dra jersys, an dra esowgh ow châcya ha'n dra owgh porposys dh'y scappya.

Yma an taclow-ma ow qwaya inowgh avell golowys ha skeusow glenys dew ha dew.

Ha pàn ella an skeus gwedhrys ha due, an golow usy ow tarya a vëdh skeus dhe wolow aral.

Hag indelma gàs franchys, pàn golla y garhar, a vëdh carhar dhe vrâssa franchys.

Ha'n oferyades a gowsas arta ha leverel,
Cows orthyn a Rêson hag a Bassyon.

Hag ev a leverys in unn wortheby:

Agas enef yw caslan yn fenowgh, may
ma gàs rêson ha jùjment ow qwerrya
erbynn agas passyon hag ewl.

A pen vy unweyth gwrior cres i'gas enef,
rag may hallen trailya dyscord ha gorvyn
agas elvennow dhe unsys ha melody.

Saw fatell allaf, mar ny vedhowgh why
kefrÿs gwrior cres, nâ, caror dhe oll agas
elvennow?

Agas rêson ha passyon yw lew ha
golyow agas enef a varner.

Agas golyow ha gàs lew mar pedhons
trogh, ny yllowgh ma's tossya ha dryftya,
poken bos stoppys in cres an mor.

Rag yth yw rêson, ow rêwlya y honen
oll, fors plegys dhe strotha; ha passyon,
heb coweth, yw flàm a lesk bys in dystrùc-
syon a'y honen.

Ytho, re bo gàs enef owth exaltya gàs
rêson bys i'n uhella passyon, rag may halla
cana;

Hag ow kevarwedha gàs passyon gans
rêson, rag may halla gàs passyon bêwa der
y dhasserghyans ev, ha kepar ha'n fenyx
ascendya a-ugh y lusow y honen.

Me a garsa why dhe bredery a'gas
jùjment ha'gas ewl kepar dell vensewgh
consydra dew ôstyas kerys i'gas chy.

Ny vynnowgh enora an eyl ôstyas kyns
y gela, rag ow cherya an eyl dhe voy y hyll
den kelly kerensa ha fŷdh an dhew.

In mesk an brynyow, pàn vowgh a'gas
eseth in skeus goyeyn an edhel gwynn, ow
kevranna cosoleth ha calmynsy an
gwelyow ha prasow abell—ena re lavarra
gàs colon in taw, "Yma Duw ow powes in
rêson."

Ha pàn dheffa an teweth, ha'n awel
vrâs ow shakya an forest, ha taran ha luhes
54

ow teclarya meureth an ebron—ena re lavarra gàs colon der aha, "Yma Duw ow qwaya in passyon."

Hag abàn owgh unn anal in kelgh Duw, hag unn dhêlen in forest Duw, why kefrÿs a dal powes in rêson ha gwaya in passyon.

Ha benyn a gowsas ha leverel, Derif orthyn a Bain.

Hag ev a leverys:

Dha bain yw torrva i'n grogen ow sensy dha ùnderstondyng.

Kepar dell yw res terry dhe sprusen an frût, rag may saffa hy holon i'n howl, in ketelma res yw dhis aswon dha bain.

Ha mar calles gwitha reveth i'th colon orth merclys dha vêwnans pùb jorna, ny via dha bain owth hevelly le marthys ès dha joy;

Ha ty a vensa acceptya sêsons dha golon, kepar dell wrusta pùpprÿs acceptya an sêsons usy ow tremena dres dha welyow.

Ha ty a vensa gôlyas gans calmynsy dre wâvow dha alar.

∴

Rann vrâs a'th pain yw honen-dhêwysys.

Hy yw an drynk wherow may ma an fysycyen inos ow sawya dredho dha honen clâv.

Ytho, gwra trestya dhe'n fysycyen hag eva y remedy in taw ha cosoleth;

Rag yma y dhorn, kynth yw poos ha cales, gêdys gans leuv dender an Dywel,

Ha'n hanaf a dhro va, kynth usy ow lesky dha vin, re beu formys mes a'n pry a wrug an Potor glebya gans y dhagrow sans y Honen.

Ha den a leverys, Cows orthyn a Honen-Wodhvos.

Hag ev a worthebys, ha leverel:

Agas colon a wor in taw kevrînyow an dedhyow ha'n nosow.

Saw yma gàs scovornow ow yêwny rag son skians agas colon.

Why a garsa godhvos in geryow an pÿth a wodhowgh pùpprÿs i'gas preder.

Why a garsa tava gans besias corf noth agas hunrosow.

Hag indelma yth yw yn tâ.

Penfenten cudh agas enef a res ascendya ha resek in unn seny dhe'n mor;

Hag y fensa gàs downder dydhyweth bos dyskeverys dh'agas lagasow.

Ha bynnar re bo balans vÿth rag montolly agas tresour ùncoth;

Ha na whythrowgh downder agas skians gans lorgh pò plemmyk.

Rag yth yw an honen mor heb fîn, heb musur.

Na leverowgh, "My re gafas an gwiryoneth," mès kyns, "My re gafas unn gwiryoneth."

Na leverowgh, "My re gafas trûlergh an enef." Leverowgh kyns, "My re vetyas an enef ow kerdhes wàr ow thrûlergh vy."

Rag yma an enef ow kerdhes wàr bùb trûlergh oll.

Nyns usy an enef ow kerdhes wàr unn lînen, na nyns usy ow tevy kepar ha corsen.

Yma an enef ow tysplegya hy honen, kepar ha lôtùs a betalys heb nùmber.

Ena descador a leverys, Cows orthyn a Dhesky dhe bobel.

Hag ev a leverys:

Ny yll den dyskevera dhywgh tra vÿth marnas myns eus solabrÿs a'y wroweth in hanter-cùsk orth terry an jëdh dh'agas skians.

An descador, usy ow kerdhes in goskes an templa, in mesk y dhyskyblon, ny re rann a'y skentoleth, ev a re a'y fÿdh ha'y garadôwder.

Mars yw fur defry, nyns usy ev owth erhy orthowgh entra in chy y skentoleth, mès agas hùmbrank dhe droosow y vrÿs y honen.

Y hyll an astronymer côwsel orthowgh a'y ùnderstondyng a'n efander, mès ny yll ry dhywgh y ùnderstondyng.

Y hyll an mûsycyen cana dhywgh a'n rythym usy in oll an efander, mès ny yll ry dhywgh an scovarn usy ow talhenna an rythym, na'n lev usy orth y dhasseny.

Hag onen deskys in sciens an nyverow a yll derivas a'n randiryow montolly ha musura, mès ny yll agas lêdya dy.

Rag ny re vesyon unn den y eskelly dhe dhen aral.

Ha kepar dell usy pùbonen ahanowgh ow sevel dygoweth in skians Duw, in ketelma yth yw res dhe bùbonen ahanowgh bos dygoweth in y skians ev a Dhuw hag in y ùnderstondyng a'n nor.

Ha den yonk a leverys, Cows orthyn a Felshyp.

Hag ev a worthebys, ha leverel:

Dha gothman yw dha otham gorthebys.

Ev yw dha wel mayth esta ow conys has gans kerensa ha mejy gans grassow.

Hag ev yw dha sosten ha dha olas.

Rag yth esta ow tos dhodho gans dha nown, hag orth y whilas rag cafos cres.

Pàn usy dha gothman ow côwsel dhe blemmyk, nyns eus own a'n "nâ" i'th vrÿs dha honen, na nyns esta ow sparya an "eâ".

Ha pàn yw va tawesek, nyns usy dha golon ow cessya heb goslowes orth y golon ev;

Rag yma in felshyp, heb ger vÿth, pùb preder, pùb desîr, pùb gwaityans genys ha rynnys, gans joy nag yw golennys.

Pàn esta ow tyberth orth dha gothman, ny'th eus keudh;

Rag y hyll an pÿth a garowgh moyha oll
ino bos clerha pàn usy va pell, kepar dell
hevel an meneth dhe'n cramblor owth
aspias orto wàr an plain.

Ha na vedhens porpos vÿth in felshyp
ma's downhe an spyrys.

Rag pàn whilla kerensa moy ès dys-
kevera hy hevrîn hy honen, nyns yw
kerensa poynt, mès roos tôwlys alês: na ny
vëdh tra vÿth kychys ma's myns yw heb
profyt.

Ha re bo dha gwelha bos rag dha goth-
man.

Godhvos dha dryg mar pëdh res
dhodho, gas e dhe wodhvos dha lanow
kefrÿs.

Pana brow dhe'th cothman mar y'n
whilyth pàn eus lies our dhe ladha?

Whil'e pùpprÿs pàn eus ourys dhe vêwa.

Rag y coodh dhodho lenwel dha
otham, adar dha wacter.

Hag in felshyp wheg re bo wharth, ha
plesours kevrynnys.

Rag y kev an golon hy bora in glûth
taclow bian, ha bos refreshys.

Ena scolheyk a leverys, Cows a Dalkya.

Hag ev a worthebys, ha leverel:

Yth esowgh ow talkya pàn cessyowgh heb bos cosel i'gas preder;

Ha pàn na yllowgh triga na felha in unycter dha golon, yth esowgh ow pêwa i'gas min, ha son yw solas a dhydhan.

Hag in rann vrâs a'th cows prederyans yw hanter-moldrys.

Rag yth yw preder edhen a'n efander, neb a yll in bagh geryow dysplegya defry y eskelly, mès na yll neyja i'n ebron.

In agas mesk yma re a vynn whilas an davasogyon der own a vos dygoweth.

Yma taw an dygowethter orth aga dyskevera noth aga honen dhe'n wolok, hag y a garsa diank.

Hag yma re a vynn talkya, ha heb skians na ragpreder dyskevera neb gwiryoneth na wodhons ynsy ùnderstondya.

Hag yma re may ma an gwiryoneth inans y, saw ny'n derivons in geryow.

In ascra an re-ma an spyrys yw trigys in taw rythmek.

Pàn wrelles metya gans dha gothman ryb an fordh pò wàr blain an varhas, gas an spyrys inos dhe waya dha vin ha dhe gevarwedha dha davas.

Gas an lev usy aberth i'th lev dhe gôwsel orth scovarn y scovarn ev;

Rag y whra y enef ev gwitha gwiryoneth dha golon kepar dell yw remembrys sawor an gwin.

Pàn yw an colour ankevys ha nag usy an lester namoy.

Ha astronymer a leverys, "A vêster, pandr'orth an Termyn?"

Hag ev a worthebys:

Ty a garsa musura an termyn, yw heb musur vŷth ha dres musur oll.

Te a garsa desedha dha fara, kevar-wedha dha spyrys kefrŷs, acordyng dhe'n eur ha dhe'n sêson.

Te a garsa in mes a'n termyn gul streth may halles sedha wàr hy glann ha miras orth hy frôsans.

Mès an pŷth yw dydermyn inos a wor fatell yw an bêwnans dydermyn,

Hag a wor nag yw an de ma's cov an dêdh hedhyw ha tell yw an avorow hunros dhe'n hedhyw.

Ha'n pŷth usy ow cana hag ow con-templa inos, yma trigys whath in fînyow an kensa prŷjweyth-na a wrug scattra an ster dhe'n efander.

Pyw i'gas mesk nag eus ow clôwes y allos cara dell yw heb fin?

Mès pyw nag eus ow clôwes bos an very kerensa-ma, kynth yw heb fin, comprehendys in cres y vôsva ev, adar gwaya dhia breder kerensa dhe breder kerensa, na dhia wrians kerensa dhe wrians kerensa aral?

Hag a nyns yw an termyn kepar dell yw an gerensa, dyran, heb toth vÿth?

Saw mars yw res dhis musura an termyn dre sêsons, gas pùb sêson dhe gelhy oll an sêsons erel,

Ha gas an hedhyw dhe gelhy an termyn eus passys gans remembrans ha'n termyn a dheu gans hireth.

Ha onen a'n henavogyon i'n cyta a leverys, Cows orthyn a'n Dâ hag a'n Drog.

Hag ev a worthebys:

Me a yll côwsel a'n dâ usy inowgh, adar a'n drog.

Pandr'yw an drog ytho ma's an dâ tormentys gans y nown ha'y sehes y honen?

In gwir, pàn eus nown dhe'n dâ yma ow whilas boos in câvyow tewl kyn fe, ha pàn eus sehes dhodho yma owth eva dowrow marow kyn fe.

Why yw dâ pàn owgh unnys gena why gàs honen.

Mès pàn nag owgh unnys gena why gàs honen, nyns owgh drogwas.

Rag nyns yw chy dyvîdys fow a felons; nyns yw ma's chy dyvîdys.

Ha lester heb lew a yll gwandra heb medra in mesk enesow peryllys, bytegyns heb sedhy dhe woles.

Why yw dâ pàn wrewgh strîvya dhe ry in mes ahana why.

Mès nyns owgh drogwas pàn whilowgh gwain raga why.

Rag pàn wrewgh strîvya rag gwain nyns owgh ma's gwredhen eus ow clena dh'agas dorvam hag ow tena wàr hy bronn.

Ny yll an frût leverel màn dhe'n wredhen, "Bëdh kepar ha my, athves ha leun ha prest ow ry in mes a'th pâlster."

Rag dhe'n frût yth yw rians otham, dell yw recêvans otham dhe'n wredhen.

Why yw dâ pàn owgh dyfun yn tien i'gas cows.

Mès nyns owgh drogwas pàn gùscowgh ha'gas tavas ow trebuchya heb porpos.

Ha kyn fo cows ow trebuchya, y hyll crefhe tavas gwann bytelle.

Why yw dâ pàn esowgh ow kerdhes yn fast dh'agas porpos ha gans stappys hardh.

Mès nyns owgh drogwas pàn ewgh dy in unn gloppya.

An re yw cloppek kefrÿs nyns ôns wàr dhelergh.

Saw why, neb yw crev hag uskys, gwrewgh gwetyas na vennowgh cloppya kyns ès an re mans, ow tyby hemma dhe vos cufter.

Why yw dâ in fordhow heb nùmber, ha nyns owgh drogwas pàn nag owgh dâ.

Nyns esowgh ma's ow crowdra yn syger.

Ny wor an kyrwas, soweth, desky toth dhe'n cronogas ervys.

I'gas hireth rag agas cowr-honen yma an dâ usy dhywgh; hag yma an hireth-na inowgh oll.

Saw in re ahanowgh an hireth-na yw reverthy ow fysky dre nell dhe'n mor, ow ton kevrînyow an vre ha canow an forest.

Hag in re erel hy yw strem plat, neb â wàr stray in elynnow ha plegow, ha tarya erna dhrehetha an treth.

Saw bynnar re lavarra an den meur hirethek dhe'n den bohes y hireth, "Prag yth osta hell ha lent?"

70

Rag ny wovyn an re yw fest dâ orth
onen yw noth, "Ple ma dha dhyllas?" nag
orth onen yw dianeth, "Pandra wharva
dhe'th chy?"

Ena oferyades a leverys, "Cows orthyn a Bejadow."

Hag ev a worthebys, ha leverel:

Yth esta ow pesy i'th ancres ha'th otham; a carses unweyth pesy in lanwes dha joy ha'th tedhyow a bâlster.

Ha pandr'yw pejadow ma's istynyans a'th honen bys i'n air bew uhella?

Rag dha gonfort yth yw denewy dha dewolgow dhe'n efander, kefrÿs rag dha dhelît yw denewy myttyn dha golon alês.

Ha mar ny yllyth ma's ola pàn vynn an enef dha somona dhe bejadow, hy a dal dha gentrynna arta hag arta whath, owth ola kyn fos, erna dheffes in unn wherthyn.

Pàn esos ow pesy, yth esta owth ascendya rag metya i'n air an re usy ow pesy i'n very eur-na, ha nag yw marnas in pejadow dhe vetya.

Re bo, ytho, chêson dha vysyt dhe'n templa dywel-na tra vÿth ma's tranjyak ha comûn wheg.

Rag mar mynnys entra dhe'n templa only may hylly govyn, heb porpos moy, ny wreth recêva:

Ha mar mynnys entra ino rag uvelhe dha honen, ny vedhys derevys:

Pò kefrÿs mar mynnys entra ino rag pesy an dâ abarth re erel, ny vedhys clôwys.

Lowr yw ty dhe entra i'n templa yn tywel.

Ny allaf desky dhis pesy in geryow.

Nyns usy Duw ow coslowes orth dha eryow marnas pàn y's lavarra Ev y Honen dre dha vin.

Ha ny allaf desky dhis pejadow an morow ha'n forestys ha'n menydhyow.

Saw ty, neb yw genys a'n menydhyow ha'n forestys ha'n morow, a wor cafos aga fejadow i'th colon,

Ha mar mynnys unweyth goslowes in cosoleth an nos, ty a wor aga clôwes, ow leverel in taw:

"Agan Duw ny, yw agan honen askell-ek: dha vodh dhejy inon, yma hemma ow whansa.

Dha dhesîr dhejy inon, yma hemma ow tesîrya.

Dha iny jy inon y carsa trailya agan nosow, usy ow longya dhis, bys in dedh-yow, eus ow longya dhis inwedh.

Ny yllyn ny pesy orthys tra vÿth, rag ty dhe wodhvos agan otham kyns ès dell vo genys inon:

Ty yw agan otham; ha pàn reth dhyn moy ahanas, yth esos ow ry dhyn pùptra."

74

Ena hermyt, o ûsys dhe vysytya an cyta unweyth an vledhen, a dheuth in rag ha leverel, Cows orthyn a Blesour.

Hag ev a worthebys, ha leverel:
Plesour yw cân dhe'n lyberta,
Saw an lyberta nyns yw.
Yth yw blejyowans a'gas whansow,
Saw aga frût nyns yw.
Yth yw glyn ow cria orth bàn,
Saw downder nyns yw nag uhelder.
Yth yw edhen an cowel gyllys dhe neyja,
Saw nyns yw spâss kerhynnys.
Eâ, in very gwir, plesour yw cân dhe'n lyberta.

Ha meur me a garsa why dh'y hana a leun-golon; mès ny garsen why dhe gelly gàs colon pàn ganhowgh.

Yma rann a'gas pobel yonk ow whilas plesour kepar ha pàn ve pùptra oll, hag y yw jùjys ha rebukys.

Ny garsen vy gà jùjya na'ga rebukya.
My a garsa y dhe whilas.

Rag y cafons plesour, heb hy dhe vos
onen only.

Yma seyth whor dhedhy, ha'n lyha
anodhans yw tecka ès plesour.

A ny wrussowgh clôwes a'n den, pàn
esa ow palas i'n dor rag gwredhyow, fatell
wrug trouvya tresour?

Hag yma rann a'gas henavogyon ow
remembra plesours gans edrek kepar ha
fowtow gwrës in medhôwnep.

Saw edrek yw cudha an brÿs in cloud,
adar chastia.

Y a dal remembra gà flesours gans
grassow, kepar dell vensens perthy cov a
drevas neb hâv.

Mès edrek mars yw confort dhedha,
bedhens confortys.

Hag yma i'gas mesk re nag yw na yonk
rag whilas na coth rag remembra;

Hag i'ga own a whilas hag a remembra,
ymowns ow sconya pùb plesour, rag na
wrellons dysprêsya an spyrys pò offendya
er y bynn.

76

Saw kefrÿs i'ga hepcoryans yma gà flesour.

Hag indelma ymowns y inwedh ow trouvya tresour, kynth usons ow palas rag gwredhyow ha'ga dêwla ow crena.

Saw leverowgh dhymm, pyw a yll offendya an spyrys?

A wra an êos offendya cosoleth an nos, pò whyl tan an ster?

Hag a wra gàs flàm pò gàs mog beha an gwyns?

A gresowgh bos an spyrys poll qwiet a yllowgh tropla gans agas lorgh?

Yn fenowgh pàn vynnowgh naha plesour dhywgh, ny wrewgh ma's gwitha an desîr in kîlyow agas bôsva.

Pyw a wor usy an pÿth yw hedhyw omyttys ow cortos an avorow?

Yma kefrÿs agas corf owth aswon y ertach ha'y otham teythiak na ny yll bos tùllys.

Ha'gas corf yw harp agas enef.

Hag y coodh dhywgh why ascor dhyworto mûsyk wheg pò sonyow kemyskys.

❖

Hag i'n eur-ma why a wovyn i'gas colon, "Fatell yllyn ny decernya an pëth yw dâ in plesour orth an pëth nag yw dâ?"

Ewgh dh'agas gwelyow ha dh'agas lowarthow, ha why a wra desky plesour an wenenen dell yw cùntell mel a'n flouren,

Saw kefrÿs yth yw plesour an flouren dascor hy mel dhe'n wenenen.

Rag dhe'n wenenen yth yw flouren fenten a'n bêwnans,

Ha dhe'n flouren yth yw gwenenen cannas a'n gerensa,

Ha dh'aga dyw, gwenenen ha flouren, ry ha kemeres plesour yw otham ha tranjyak.

A bobel Orfalês, bedhowgh i'gas plesours kepar ha'n flourys ha'n gwenyn.

Ha prydyth a leverys, Cows orthyn a Decter.

Hag ev a worthebys:

Ple hyllyth whilas tecter, ha fatell ylta y gafos mar ny vëdh henna dha fordh ha gedyor y honen?

Ha fatell ylta côwsel anodho mar ny vëdh an gwiador a'th cows?

Y lever an re usy ow kemeres grêf ha duwhan, "Tecter yw cuv ha clor.

Kepar ha mamm yonk ha hanter-methek a'y glory hy honen yma ow kerdhes i'gan mesk."

Hag y lever an re yw ter aga holon, "Nâ, tecter yw tra leun a allos hag aha.

Kepar ha'n enawel yma ow shakya an dor in dannon ha'n ebron a-uhon."

∴

Y lever an re yw spênys ha sqwith,
"Tecter yw onen a whystrans medhel.
Yma ow côwsel orth agan spyrys.

Yma y lev owth omry dh'agan prejyow
a dewel kepar ha golow gwann eus ow
trembla rag dowt a'n skeus."

Saw y lever an re yw dybowes, "Ny re'n
clôwas ow cria in mesk an menydhyow,

Ha gans y griow y teuth son a garnow,
ha crehyllyans eskelly hag ujow lions."

I'n nos y lever gôlyadoryon an cyta,
"Tecter a wra drehevel gans terry an jëdh
dhyworth an ÿst."

Hag i'n hanter-dëdh y lever pùb
lavuryor ha tremenyas, "Ny re'n gwelas,
owth inclynya dres an nor in mes a
fenestry an howlsedhas."

I'n gwâv y lever an re yw prysonys der
an ergh, "Ev a dheu gans an gwaynten, ow
lappya wàr an brynyow."

Hag i'n hâv y lever an vejoryon, "Ny
re'n gwelas, ow tauncya gans del an
kynnyaf, hag aspia tommen ergh in y
vlew."

80

Oll an ger-ma why re leverys a Decter,
Saw in gwir ny wrussowgh côwsel anodho ev, mès a otham nag yw satysfies.

Ha nyns yw tecter otham, mès tranjyak.

Nyns yw ganow a sehes na leuv istynys wag,
Mès colon danek hag enef worhenys.

Nyns yw an imach a garsewgh gweles na'n gân a garsewgh clôwes,
Mès imach a welowgh kyn fo gàs lagasow degës ha cân a wrewgh clôwes kyn fo gàs scovornow alwhedhys.

Nyns yw sùgan ajy dhe'n rusk kevryllys, na nyns yw askel serhys wàr ewyn.

Mès lowarth ha flourys ino rag nefra, ha flock eleth ow neyja rag nefra.

A bobel Orfalês, tecter yw bêwnans pàn vynn bêwnans dyscudha y fâss sans.

Saw why yw bêwnans ha why yw an gudhlen.

Tecter yw eternyta ow miras orth y honen in gweder.

Saw why yw eternyta ha why yw an gweder miras.

Ha oferyas coth a leverys, "Cows orthyn a Gryjyans?"

Hag ev a leverys:

A wrug vy côwsel hedhyw a neb tra ken?

A nyns yw cryjyans pùb gwrians ha pùb ombrederyans,

Ha'n pÿth nag yw na gwrians nag ombrederyans, mès reveth ha marth ow spryngya prest i'n enef, kefrÿs pàn usy an dhêwla ow trehy an veyn pò owth obery orth an starn?

Pyw a yll separâtya y fÿdh dhyworth y wrians, pò an pÿth usy ow cresy dhyworth y whel?

Pyw a yll spredya y ourys dhyragtho y honen, ow leverel, "Hèn yw rag Duw, hèm yw raga vy;

Hèm yw rag ow enef ha hèn yw rag ow horf"?

Oll agas ourys yw eskelly eus ow ton der efander dhia'n eyl honen dh'y gela.

Na wysk y voralyta ma's avell y decka dyllas, y fia gwell dhe henna bos noth.

Ny wra an gwyns ha'n howl sqwardya tell in y grohen.

A vynn defînya y fara der ethek, yma henna ow prysonya y edhen cana in cowel.

Ny dheu an franka cân dre brennyer ha gwyvrow.

Ha den ow sensy bos gordhyans fenester, dhe egery adar degea, ny wrug henna na whath vysytya chy y enef may ma an fenestry dhia dhëdhtardh dhe dhëdhtardh.

Agas bêwnans pùb jorna yw gàs templa ha'gas cryjyans.

Bÿth pàn wrellowgh entra ino, kemer-owgh gena why oll agas pÿth.

Kemerowgh an aradar ha'n wovel ha'n morben ha'n lût,

An taclow a wrussowgh gul awos res pò dhe dhelît.

84

Rag in hunros ny yllowgh ascendya a-
ugh agas spêda na codha iselha ès agas
mothow.

Ha kemerowgh gena why pùb den:

Rag in gologh ny yllowgh neyja uhella
ès aga govenek na uvelhe gàs honen iselha
ès aga dyspêr.

Ha mar carsewgh aswon Duw, na
vedhowgh ytho assoylyor a dhesmygow.

Mirowgh kyns i'gas kerhyn ha why a'n
gwel Ev ow qwary gans agas flehes.

Ha mirowgh wàr an efander; why a'n
gwel Ev ow kerdhes i'n cloudys, owth
istyna y dhywvregh i'n luhes hag ow
skynnya in glaw.

Why a'n gwel Ev ow minwherthyn in
flourys, ena owth ascendya hag ow
swaysya y dhêwla in gwëdh.

Ena Almytra a gowsas, ha leverel, Ny a garsa govyn lemmyn a Vernans.

Hag ev a leverys:

Why a garsa aswon kevrîn an mernans.

Saw fatell wrewgh y gafos mar ny vynnowgh y whilas in cres an bêwnans?

An ûla ha'y lagasow stegys dhe'n nos yw dall i'n jëdh, ny wor hemma dyscudha mystery an golow.

Mar carsewgh aspia spyrys an mernans defry, egerowgh agas colon alês dhe gorf an bêwnans.

Rag yth yw bêwnans ha mernans an keth henna, kepar dell yw an ryver ha'n mor unn dra.

In downder agas govenek ha desîr y kefyr agas skians tawesek a'n bÿs a dheu;

Ha kepar dell eus has owth hunrosa in dann an ergh, yma gàs colon owth hunrosa a'n gwaynten.

Gwrewgh trestya dhe'n hunrosow, rag cudhys inans yma yet dhe'n eternyta.

Nyns yw gàs own a'n mernans ma's crèn an bugel pàn usy a'y sav arâg an mytern, a vynn gorra y leuv warnodho in enor.

A nyns yw an bugel lowen in dann y grenans, hag ev scon ow qwysca merk an mytern?

A nyns usy bytegyns ow predery dhe voy a'y grèn?

Pandr'yw merwel ytho ma's sevel noth i'n gwyns ha tedha aberth i'n howl?

Ha pandr'yw cessya heb anella ma's delyfra an anal a'y lanow ha tryg dybowes, rag may halla ascendya hag efany ha whilas Duw heb begh?

Ny ganowgh defry marnas pàn wrellowgh eva a'n ryver a daw.

Ha pàn wrellowgh drehedhes gwartha an meneth, nena why a dhallath mos in bàn.

Ha pàn wrella an dor golenna gàs esely, nena why a dhauns in gwir.

Hag yth o gordhuwher solabrÿs.

Hag Almytra an golyoges a leverys: Benegys re bo an jëdh-ma ha'n tyller-ma ha'th spyrys, re wrug côwsel.

Hag ev a worthebys: A wrug avy côwsel? A ny veuma vy goslowyas kefrÿs?

Ena ev a skynnyas stairys an Templa hag oll an bobel orth y sewya. Hag ev a dheuth dh'y lester ha sevel wàr an flûr.

Hag owth eneby dhe'n bobel unweyth arta, ev a wrug lyftya y voys ha leverel:

A bobel Orfalês, yma an gwyns ow corhemmyn my dhe dhyberth.

Le hastyf ov vy ages an gwyns, mès yth yw res dhymm departya.

Ny gwandrysy, prest ow whilas an fordh moyha dygoweth, nyns eson ow tallath jorna vÿth i'n keth le may whrussyn dewedha jorna aral; ha ny'gan kev howldrevel vÿth i'n keth le may whrug howlsedhas agan gasa.

Kefrÿs pàn usy an nor ow cùsca yth eson ny ow viajya.

Ny yw has an plans meur stowt, hag in agan athvetter ha'gan leun-golonecter yth on rës dhe'n gwyns ha scattrys.

Cot veu ow dedhyow i'gas mesk, ha whath cotta an geryow re wrug vy leverel.

Saw mars ella ow lev gwann i'gas scovornow, ha'm kerensa vanyshys i'gas cov, dhana me a vynn dos arta.

Ha gans rycha colon ha min moy gostyth dhe'n spyrys y fynnaf leverel.

Eâ, me a vynn dewheles gans an morlanow,

Ha kyn fe an mernans orth ow hudha, ha brâssa taw orth ow homprehendya, me a vynn bytegyns pesy agas ùnderstondyng.

Ha ny besaf yn euver.

Neb tra mar leverys in gwiryoneth, an gwiryoneth-na a wra omdhysqwedhes in clerha lev, hag in geryow moy perthynek dh'agas preder.

❖

Yth av gans an gwyns, a bobel Orfalês,
mès nyns av dhe wacter wàr woles:

Ha mar nyns yw an jëdh-ma keweras
a'gas otham ha'm kerensa, dhana re bo
dedhewadow bys in ken dëdh.

Yma otham mab den ow chaunjya,
adar y gerensa, na'y whans may halla y
gerensa satysfia oll y otham.

Godhvedhowgh, ytho, dell vynnaf
dhia'n brâssa taw dewheles.

An nywl usy ow tryftya in kerdh orth
terry an jëdh, pàn nag eus tra vÿth gesys
i'n gwelyow ma's glûth, a wra ascendya ha
cùntell in cloud, ena codha dhe'n dor in
glaw.

Ha re beuv haval dhe'n nywl.

In cosoleth an nos my re gerdhas i'gas
strêtys ha'm spyrys re wrug entra dh'agas
treven,

Hag yth esa pols agas colon i'm colon
vy, ha'gas anal wàr ow fâss, ha my orth
agas aswon kettep huny.

Eâ, yth esen owth aswon agas joy ha'gas
pain, hag i'gas cùsk agas hunros o hunros
dhymm kefrÿs.

Hag yn fenowgh yth en vy i'gas mesk
lynn in mesk an menydhyow.

Yth esen ow tastewynya an gwarthav-yon inowgh ha'n ledrow plegys, ha kefrÿs an flockys in tremen—agas preder ha'gas desîr.

Ha dhe'm taw y teuth wharth agas flehes in strêthow, ha hireth agas pobel yonk in ryvers.

Ha pàn dheuthons dhe'm downder ny wrug an strêthow ha'n ryvers cessya heb cana whath.

Saw tra whecka ès wharth ha brâssa ès hireth a dheuth dhymm.

Yth o an dra heb fin inowgh;

An den hûjes mayth owgh why oll gogellow ha gyew dhodho;

An den hûjes ha'y gana, ma nag yw gàs cana why i'n cana-na ma's polsans heb son vÿth.

I'n den hûjes yth owgh why hûjes,

Ha dell veu ev aspies genef, my a wrug agas aspia why ha'gas cara.

Pan pelderow a yll an gerensa ytho hedhes dhedha, nag eus i'n kelgh hûjes-ma?

Pan vesyons, pan gwaityans, pan desevyow a yll ascendya uhella i'n ebron ès an neyj-ma?

Kepar ha derowen gowrek ha leun a flourys an aval yw an den hûjes inowgh.

Yma y allos orth agas kelmy dhe'n dor, y sawor orth agas lyftya dhe'n efander, hag in y dhuradôwder why yw dyvarow.

Why re beu deskys fatell owgh, kepar ha chain, mar wann avell an gwannha mell.

Nyns yw hemma ma's hanter a'n gwiryoneth. Why yw kefrÿs mar grev avell agas creffa mell.

Agas musura why orth agas byhannha dêda, yth yw reckna power an weylgy orth brottelsys hy ewon.

Agas jùjya why orth agas mothow, yth yw tôwlel blam wàr an sêsons rag aga chaunjuster.

Eâ, why yw kepar ha gweylgy,

Ha kynth eus gorholyon, poos wàr an treth, ow cortos an lanow dh'agas morva, bytegyns, kefrÿs kepar ha gweylgy, agas lanow ny yllowgh gul uskyssa.

Ha kepar ha'n sêsons owgh why inwedh,

Ha kynth esowgh i'gas gwâv ow naha gàs gwaynten,

Gwaynten bytegyns, ow powes inowgh,
a vinwherth in y hun ha ny vëdh offendys.

Na dybowgh y bosaf ow leverel an
taclow-ma rag may hallowgh why leverel
an eyl dh'y gela, "Ev a wrug agan gormel
yn tâ. Ny welas ma's an dâ inon."

Nyns esof ow côwsel orthowgh marnas
in geryow a'n pÿth a wodhowgh why i'gas
preder.

Ha pandr'yw godhvos dre eryow ma's
skeus a wodhvos heb ger vÿth?

Agas preder ha'm geryow vy yw
tonnow devedhys dyworth covath sêlys usy
ow qwitha istory a'gan dedhyow de,

Ha'n dedhyow coth pàn nag esa an nor
orth agan aswon ny, nag orth y aswon y
honen,

Ha nosow may feu an nor in deray heb
composter.

Tus fur re dheuth dhywgh rag ry rann
a'ga furneth. My a dheuth rag kemeres in
mes a'gas furneth why:

Hag awot my re gafas an pÿth yw brâssa
ès furneth.

Yth yw spyrys flàm inowgh, prest ow
cùntell moy a'y honen,

93

Hag yth esowgh why, heb attendya fatell yw va tevys, owth ola rag gwedhrans agas dedhyow.

Yth yw bêwnans eus ow whilas bêw-nans in corfow ownek a'n bedh.

Nyns eus bedh vÿth omma.

An menydhyow ha'n plainys-ma yw presep ha sarn.

Bÿth pàn ellowgh ha tremena dres an gwel may whrussowgh encledhyas agas hendasow, mirowgh warnodho gans lowr rach, ha why a welvyth agas honen ha'gas flehes ow tauncya leuv in leuv.

In gwir why yw gôlyor yn fenowgh heb y wodhvos.

Re erel re dheuth dhywgh, ma na res-owgh tra vÿth awos promyssyow gwrës dh'agas fÿdh marnas rychys ha gallos ha gordhyans.

Le ès promys my re rys, ha whath moy hel why re beu dhymmo.

Why re ros dhymm downha sehes orth bêwnans.

Nyns eus brâssa ro defry dhe dhen ès an pÿth a wra trailya oll y borpos dhe vin cras hag oll an bêwnans dhe fenten.

Hag yma in hemma ow enor vy ha'm reward,—

Dhe'n fenten bÿth pàn dheffen rag eva, cafos fatell eus sehes dhe'n dowr bew y honen;

Hag y bos ev, pàn y'n evaf, orth ow eva vy.

Rann ahanowgh re wrug tyby me dhe vos gothys, ow recêva royow re ow anvoth.

Re wothys ov in gwir dhe gemeres gober, adar recêva royow.

Ha kyn tebrys greun gwyls in cres an brynyow pàn garsewgh my dhe sedha orth agas bord,

Ha kyn cùskys in colovenva an templa pàn vensewgh ow clesa yn lowen,

Agas ombeder a'm dedhyow ha'm nosow, a ny veu henna an dra a wrug boos wheg i'm ganow ha grugysa ow hùsk gans vesyons?

Moy ages oll me a wra gàs benega rag hemma:

95

Yth esowgh ow ry meur, heb godhvos why dhe ry wàr neb cor.

In gwir an crefter usy ow miras stag orto y honen, y fêdh henna ow trailya dhe ven.

Ha dêda dâ, ow cria y honen gans henwyn tender, a vêdh tas dhe vollath.

Ha rann ahanowgh re wrug avowa my dhe sevel abell, yn fedhow a'm dygowethter ow honen.

Ha why re leverys: "Yma ev owth omgùssulya gans gwêdh an forest, adar mab den.

Yma a'y eseth wàr vreow awartha, ow miras wàr agan cyta in nans."

Ha gwir yw dell wrug vy ascendya dhe'n breow ha kerdhes in tyleryow pell dhyworth tus.

Fatell alsen agas gweles, marnas a'm sav yn pòr uhel pò yn pòr bell?

Fatell alla den bos nes mar ny vo pell?

Ha re erel i'gas mesk a grias orthyf, heb ger vÿth, ha leverel:

"Estren, estren, a garor a'n banow dres drehedhes, prag yth esos trigys in cres an gwarthavyon may fynn êras byldya gà neyth?

Prag yth esos ow whilas an pÿth na yll den vÿth y hedhes?

Pan awellow a garses magly i'gas roos,

Ha pan ÿdhyn êthen esos owth helghya i'n ebron?

Deus ha bos onen ahanan ny.

Gwra skynnya ha hebaskhe dha nown der agan bara ha dyseha dha sehes der agan gwin."

In unygeth aga enef y lavarsons an germa;

Saw aga unygeth mar pe downha, y a vensa godhvos na wrug vy whilas ma's kevrîn agas joy ha'gas pain,

Ha na wrug vy helghya ma's brâssa honen, neb yw dhywgh hag usy ow kerdhes i'n ebron.

Saw an helghyor o kefrÿs onen a veu helhys;

Rag yth êth lies seth in mes a'm gwarak, heb gweskel ma's ow brèst ow honen.

Ha'n neyjor i'n air o kefrÿs an cramyor;

Rag pàn veu ow eskelly lêsys i'n howl, aga skeus wàr an dor o cronak ervys.

Ha my, esa ow cresy, o kefrÿs an dowtyor;

Rag yn fenowgh me a worras bës i'm goly ow honen, may hallen cresy inowgh dhe voy ha'gas aswon dhe voy.

Hag ow cresy hag ow codhvos indelma, me a lever:

Nyns owgh why kës aberth i'gas corf, na nyns owgh lymytys dhe dreven pò gwelyow.

Yma an pÿth yw whywhy, hèn yw trigys a-ugh an meneth hag ow qwandra gans an gwyns.

Henna nyns yw neb tra eus ow pedrevanas dhe'n howl rag tomder nag ow palas tell in tewolgow rag sawder,

Mès tra frank yth yw, spyrys eus ow comprehendya an nor hag ow qwaya i'n air uhella.

Mars yw an ger-ma dyscler, na whilowgh y glerhe,

Dyscler ha nywlek yw dalathfos kenyver tra, mès indelha nyns yw aga dyweth.

Ha meur me a garsa why dhe'm remembra avell dallath.

An bêwnans, ha myns eus ow pêwa, yw
concêvys i'n nywl, adar i'n gwrÿs.

Ha pyw a wor na vo gwrÿs ma's nywl in
decay?

Hemma me a garsa why dhe remembra
pàn wrellowgh ow remembra vy:

An pÿth a hevel moyha dyfreth ha
sowthenys inowgh, hèn yw an creffa tra
ha'n moyha stordy.

Agas anal, a ny wrug henna drehevel ha
calesy starneth agas eskern?

Hag a ny wrug hunros, nag esa den
vÿth ahanowgh ow perthy cov anodho,
byldya gàs cyta ha formya oll an taclow
eus inhy?

Mar teffowgh unweyth ha gweles lanow
ha tryg an anal-ma, why a vensa cessya
heb gweles pùptra ken.

Ha mar callowgh clôwes whystrans an
hunros, ny vensewgh clôwes son aral vÿth.

Saw nyns esowgh ow qweles, na nyns
esowgh ow clôwes, hag yth yw yn tâ.

An gudhlen usy ow tewlhe gàs lagasow
a vêdh lyftys gans an dhêwla a wrug hy
gwia,

Ha'n pry usy ow lenwel agas scovornow a vëdh gwenys gans an keth besias a wrug y dosa.

Ha why a wra gweles.

Ha why a wra clôwes.

Mès ny vëdh cas genowgh, why dhe brevy dellny kyns, na ny vëdh edrek, why dhe vos bodhar kyns.

Rag i'n jëdh-na why a wra aswon an porpos cudhys in pùptra,

Ha why a vynn benega tewolgow kepar dell vensewgh benega golow.

Warlergh leverel an geryow-ma, ev a wrug miras in y gerhyn, ha gweles lewyador an lester a'y sav ryb an lew, par termyn owth aspias orth an golyow lenwys, par termyn orth an gorwel pell.

Hag ev a leverys:

Meur y berthyans, re y berthyans, yw capten ow lester.

Yma an gwyns ow whetha, ha dybowes yw an golyow,

Kefrÿs yma an lew ow pesy kevar-wedhyans;

Mès yn cosel yma ow hapten ow cortos ow thaw.

100

Ha'm marners-ma, neb re glôwas keur a'n mor yw brâssa, an re-ma kefrÿs re'm clôwas vy gans perthyans.

I'n eur-ma ny wortons y na felha.

My yw parys.

An strem re dheuth dhe'n mor, hag unweyth arta yma an vamm veur ow sensy hy mab orth hy dywvron.

Farwèl, why pobel Orfalês.

Gorfennys yw an jëdh.

Yma ow tegea warnan kepar dell usy scudel an dowr ow tegea wàr hy avorow hy honen.

An pÿth a veu rës omma, gwitha henna ny a vynn,

Ha mar ny vëdh lowr, dhana ny a res dos warbarth ha warbarth istyna gàn dêwla dhe'n rias.

Na ankevowgh my dhe dhos dhywgh arta.

Pols bian, ha'm hireth a wra cùntell doust hag ewon rag ken corf.

Pols bian, tecken powes wàr an gwyns, ha my a vëdh genys orth ken benyn.

❖

Farwèl dhywgh ha dhe'n yowynkneth a
spênys vy genowgh.

De dell hevel, ny a wrug metya in
hunros.

Why re ganas orthyf i'm dygowethter,
ha my a wrug in mes a'gas hireth byldya
tour i'n ebron.

Saw i'n eur-ma agan cùsk yw departys
ha'gan hunros yw due, ha nyns yw terry
an jëdh namoy.

Re dheuth an hanter-dëdh ha'gan
hanter-dyfunans re wrug trailya dhe
leunha jorna, ha res yw dhyn dyberth an
eyl orth y gela.

Mar pedhyn i'n tewlwolow a'n cov ow
metya unweyth arta, ny a wra kescôwsel
arta ha why a vynn cana orthyf downha
cân.

Ha mar pëdh agan dêwla ow metya in
ken hunros, ny a vynn byldya tour aral i'n
ebron.

Ha pàn leverys indelma, ev a wrug sîna
dhe'n varners, ha dyson y a gemeras an
ancar ha lowsya lovonow sensy an lester,
hag y a dhalathas dhe'n ÿst.

102

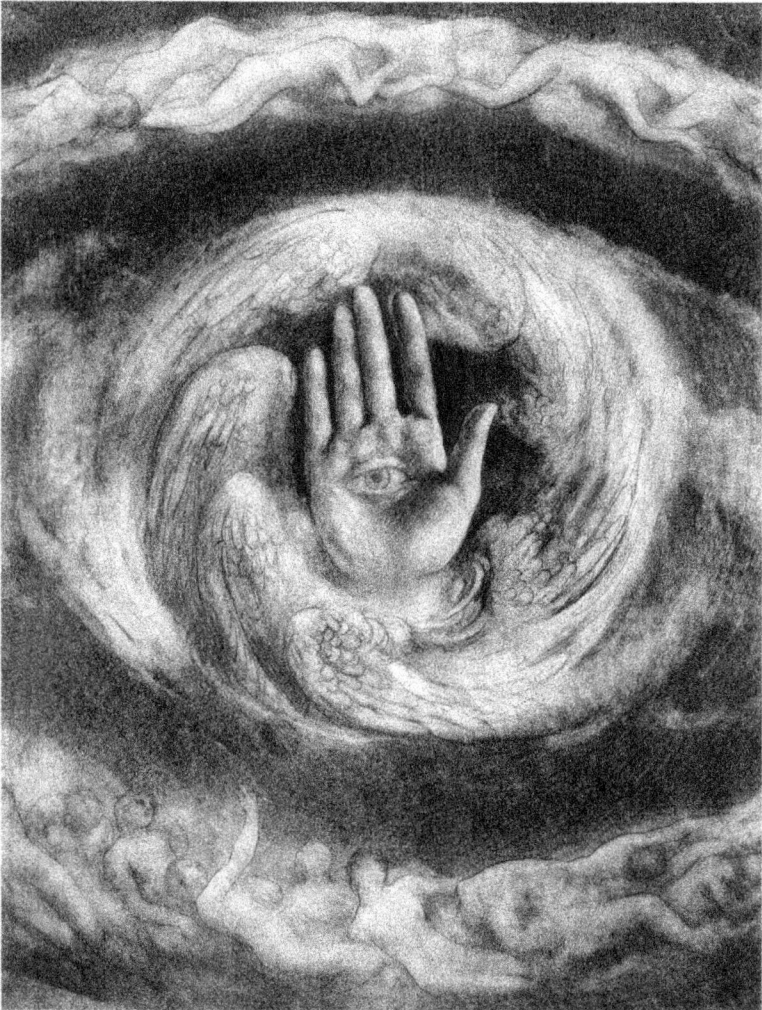

Ha garm a dheuth dhyworth an bobel kepar ha pàn ve unn golon, ha'n arm a wrug ascendya dhe'n tewlwolow, degys in mes dhe'n mor kepar hag uscana brâs.

Only Almytra a wrug tewel, ha hy ow miras stark bys i'n lester ernag êth mes a wel i'n nywl.

Ha pàn veu oll an bobel dyberthys, yth esa honna whath a'y sav dygoweth wàr fos an vorva, ow remembra in hy holon y lavar ev:

"Pols bian, tecken powes wàr an gwyns, ha my a vëdh genys orth ken benyn."

LAVAR WÀR DHELERGH

The Prophet re beu dyllys lies gweyth wosa y gensa apperyans in 1923. In Sowsnek, kefrÿs hag in moy ès 100 tavas aral. Pàn esen vy ow parusy an dyllans-ma, y feu plesour dhymm omgùssulya in meur anodhans, rag whythra ha dêwys manerow olsettya text marthys dhe wir.

Wàr an dyweth me a wrug ervira may fe stock an text mentênys i'n keth myns hag i'n kensa dyllans a'n vledhen 1923.

Naw a'n dêwdhek lymnans a veu dowrlywys gans Kahlil Gibran y honen in 1923. An dâlfolen "Fâss Almùstafa" ha'n dewetha lymnans "An bÿs duwyl" yw gwrës in glow prenn. "An demedhyans" yw lymnys avell delînyans golgh.

Yth esof owth estêmya *The Prophet* yn frâs, pellder hir abàn wolsowys an versyon mûsycal desedhys gans Richard Harris hag Arif Mardin in 1974 mayth en vy 11 bloodh. Pòr lowen oma dhe dhylla trailyans Kernowek gans Ian Jackson a'n lyver reveth-ma.

Michael Everson
Dundee, Hedra 2021

NÔTEN A'N OLOW
MAYTH YW AN LYVER SETTYS
∴

Baskerville yw olow serif desînys i'n bledhynnyow 1750 gans John Baskerville (1706-1775) in Birmingham, Englond, ha trehys dhe olcan gans den an tollor John Handy. Baskerville yw dhe glassya avell olow "treusva" pò "realyth", tôwlys rag afîna an pÿth yw cries hedhyw olow "coth aga fassyon" pò "classyk" a'n dedhyow-na, spessly an olow gwrës gans William Caslon, pryntyor kevos ha moyha y hanow. In comparyson orth lower desîn o kerys in Bretan Veur yn moy avarr, Baskerville a wrug encressya an contrast inter strocosow tew ha tanow, ow rendra an seryfow lemma ha moy monhës, ha gwaya êhel an lytherennow crèn dhe sertha stauns. An strocosow stummys yw moy rownd aga shâp, hag oll an nosow moy rêwlys. Y feu sewyans a'n chaunjys-ma brâssa kessenyans in myns ha form, in dann awedhyans calygrafieth a dhescas Baskerville pàn o den yonk, hag ev orth hy desky dhe re erel kefrÿs. Olow Baskerville yw meurgerys whath i'n greft desîna lyfryow: yma lies dasvêwans arnowyth, ha'n re-ma yn fenowgh ow keworra nasyow, rag ensampyl olow poos nag o dhe gafos in termyn Baskerville y honen.